Ianire Sagasti Ruiz (Bilbao, 1983) es poeta y artista plástica. Su obra literaria ha resultado finalista y recibido menciones en diversos premios, como el de relatos del Instituto Miguel de Unamuno, el Concurso de Cuentos Colegio Mayor Hernando Colón, el II Premio de poesía Víctor Pozanco, el Premio de Poesía Félix Francisco Casanova, el II Certamen de poesía joven Premio Miguel Gutiérrez García, entre otros. En 2006 recibió una beca por parte del Museo Guggenheim de Bilbao y ese mismo año obtuvo el I Premio a la Mejor Artista Local en el certamen de poesía organizado por la Asociación Artística Victoriano Crémer. A partir de esto, sus poemas han aparecido en varias publicaciones colectivas. *Tristezas púbicas* es su primer libro de poemas. En la actualidad Ianire es doctoranda en la Universidad del País Vasco.

TRISTEZAS
PÚBICAS

Ianire Sagasti Ruiz

Diseño de la colección: Albán Aira

Obra de la portada: ©Ianire Sagasti Ruiz

Primera edición: Marzo, 2013

© Ianire Sagasti Ruiz, 2013

© EDITORIAL PAROXISMO, 2013

www.editorial-paroxismo.com

Manuel Carpio 70	Dixie Trail 603½
Santa María la Ribera	Raleigh, NC
México, D.F.	USA
06400	27607

ISBN: 0615787541

Library of Congress Control Number: 2013935463

Impreso en Estados Unidos de América

a Oscar Alberdi Sainz

Sobre su piel borrosa,
cuando pasen más años y al final estemos,
quiero aplastar los labios invocando
la imagen de su cuerpo
y de todos los cuerpos que una vez amé...

JAIME GIL DE BIEDMA

LOS IMPULSOS DEL ALMA

No tienen culpa los ojos por no ver

sino los impulsos del alma

por pedir limosna.

LA PUJA

Hoy empeño esta alma delirante

a los dioses que me elijan para el sacrificio.

Entrego hasta mi sexo

a cambio de un remanso de paz

que me haga dormir eternamente.

No veo ya

sino de adentro.

No quiero ya

sino salir.

Regalo mi alma al postor.

DEL CIELO CUELGAN FANTASMAS

Nada aprietan mis puños de hiel.

Colgando del cielo

colores negros que matar

si pudiera matar.

RETRATO

La fiera

que aparece

a las horas muertas del reloj

me estrecha entre los brazos

me pide pelea.

Se frota las manos

como las moscas una vez posadas

como adelantándome su próxima jugada.

Después de tantos años

aún

no sé contradecirla.

Y no hago

sino lavarme las manos tras cada arrebato

y mirarme al espejo

como quien mira a su asesino.

DE SOLEDAD LAS ENTRAÑAS

Soledad.

La que araña por dentro

la que nadie agradece.

No la que a veces ansiamos

sino la que aparece súbita

y ferozmente.

Días que nos transforman las entrañas

en campos de batalla

y en un instante se nos aporrea el cuerpo

con mala sangre y malas babas.

Como si nos despojaran de cuajo

las sonrisas.

Y dentro

muy adentro

donde un segundo es una vida

en lo más profundo del alma

teje el tiempo su barbarie.

JAQUE MATE

Perdí.

Me enamoré.

Era mi alma el blanco

y el destino jugó conmigo a la diana.

Jaque Mate de la piel.

Para destripar el tiempo me aferré a ti

hasta aprender de memoria el mecanismo

de un viajero

que odiaba caminar.

LAS ALCOBAS

Los días de fantasía

fueron agujeros negros

negros agujeros

para mis noches.

Nubarrones de alforja

caídos de muy lejos

aprisionados y oscuros callejones

sin salida.

Por eso las calles

parecen ahora muertas

vacías como el cielo en la cuidad.

Las camas desde entonces

de madrugada

se encuentran llenas de fantasmas

fríamente deshechas

como si en vez de personas

hubieran hecho el amor los muertos.

I CHING

Pasaba noches consultando en el *I Ching*

las consecuencias de un capricho

o de un amor.

Te quise

lo juro

de una manera dolorosa y triste

como quien ama sabiendo que amando así

jamás volverá a sonreír.

Hoy al menos abrazo

la reconquista de mis pequeñas patrias

y aquello que arrojé a la basura

como si aquel fatídico día

me hubiera deshecho de un zapato viejo

cambiándolo por un tacón de aguja

¡con la de llagas

ampollas e indecencias

que traen consigo!

Tan sólo espero el perdón

y el *I Ching*

queda sepultado por traidor.

Maldita la belleza de dos cuerpos

desnudos y hambrientos.

Que jamás —óyelo bien— ¡jamás!

—y tú pensabas lo mismo porque me lo

confesaste—

habíamos concebido tanta perfección.

Maldita sea la hora en la que dos deciden follar

y por error

acaban haciendo el amor.

CALLEJUELAS

He recordado tu nombre

como recuerdo abrirme de piernas

después de un Te Quiero.

Pero aún me reservo

para grandes amores

el jugoso privilegio de dejaros fantasear en mi

alma.

Como si eso

os obligara a abrazarme a toda costa.

Como si al marcar mi cuerpo con vuestro

ímpetu

me perdonarais cualquier ímpetu mío

de poseeros.

Como si sellar mis labios con vuestra estampa

significase amarnos de por vida.

Pero no descenderé más las callejuelas

desde hoy

dejaré de lado mis miserias

y os asfixiaré entre mis carnes

mientras insistís en que acaricie el éxtasis

a costa de una lengua

que nunca cumple sus promesas.

LA VENGANZA DE LILITH

... desataré a la enjoyada muñequita
que él guarda como un tesoro, y soltaré a la leona,
el grito en el baño, el manto de agujeros.

SYLVIA PLATH

Dicen que la venganza

se sirve en platos fríos

aunque mis venganzas

siempre son ardientes.

Y no

no agradezco tener dos alas en la pelvis

pero rezar ya no funciona

y en el inframundo

me convierto en la diosa Lilith.

Dicen que la venganza

se sirve en platos fríos

aunque mis venganzas

siempre son ardientes.

ANTES DE BESAR

Mi cara surcada de quebranto

por los días que pasé a tu lado

sin ti.

Los sabañones de mi sangre

por haberte entregado infinitas veces

mi inútil y vago cuerpo.

Y las calenturas de mi boca

de tantas veces gritar tu nombre

cuando te marchaste para siempre

con el cepillo de dientes a cuestas.

¿De qué sirve ahora

—me pregunto

basta como siempre—

que me andes rondando como animal en celo

marcando territorio prohibido?

Territorio que abandonaste

entonces sí

como cachorro asustado.

Ahora más que mis abrazos buscas mis caderas

pero no persigues sólo lo que siempre se nos

dio bien

también deseas

como yo lo deseé durante tanto tiempo

que lo nuestro sea el orden perfecto de las

cosas:

antes de gemir acostumbrados a besar.

Siempre me hubiera conformado con tus besos.

Ahora ya no.

Ahora estaría dispuesta a casi todo

pero jamás te besaría antes.

Y sé que desde mí

el orden perfecto de las cosas te cambió:

antes de besar acostumbrado a gemir.

HABITÁCULO

Me persigue mi nombre de madrugada

y el todo en donde habito

huele a rayos desde que perdí la inocencia.

Los gritos de la conciencia

me han alejado de todo.

Soy un edificio en ruinas.

LA HORA DEL KARMA

Después de aquello

sólo reconozco rastreras caras

y envuelta en mi miseria

no soy capaz de dar ya

más de mí.

Intento deshacer cada resquicio

de esta maldita angustia que no cesa

mientras arropo mi cara en tu pecho

¡tú me diste aquel permiso!

No sé si alcanzaré el perdón

o quizás sea

que ha llegado la hora del karma

y la virgen

o la vida

no me hayan perdonado el error

de venderme a cualquiera por nada.

LA MONOTONÍA DE LOS BESOS

Me arranco cuatro costillas

me muerdo mi vello púbico

y cierro los ojos para verte.

Esa soledad no puede

matar.

Matan las camas

vacías de besos.

Los amantes

que no reconocen El Cuerpo.

Los ojos que no se miran.

Las promesas por encargo.

La postura del misionero.

La mayor soledad que conoce el alma

es despertar por la mañana junto a alguien

pero tan solos.

CONTAR CUERVOS

Me persiguen

los saltos al vacío de mi alma.

Por eso en el último instante de la noche

me veo siempre precipitada

buscando con qué

apaciguar mis caídas.

DESGARRADAS LAS VESTIDURAS

No creas que algún día

abriré de par en par las puertas de mi alma

pues siempre habrá una

bajo llave

como símbolo de luto.

A veces podrás conseguir

de mí lo que te propongas.

Suelo ser más vulnerable al anochecer

cuando caprichosamente necesito

un abrazo

que siempre me costará responder.

Ya ves cómo te presento mi vida

y mis defectos.

Tengo una parte maldita que maldigo

y una eterna mitad

con las vestiduras desgarradas.

HAMBRIENTA

Ansío más que nunca

tu lengua revoloteando entre mi carne.

Ansío tus manos

atravesando las mías.

Ansío tu cara y tus labios

pidiéndome pelea.

¡Y quiero! ¡deseo!

bailar más que nunca entre tu cuerpo.

Olerte la cara

y comerte lo ojos.

Morderte el alma

y besarte en la frente.

Devorarte la risa

y entregarte mi aliento.

Acorralarnos los sexos

y descender.

Ansío desgastarnos

poco a poco y de una vez.

DEVORAR LA CARNE A MORDISCOS

Quiero contigo

la parte salvaje e indecente de las camas.

Cuando hablo de juegos sucios

pienso en las yemas de tus dedos

acariciando cada rinconcito mío.

Pienso en desnudarnos lenta

muy lentamente

como si nunca antes

nos hubiéramos visto desnudos.

Pienso en que me beses

donde nunca lo hizo nadie antes.

Pienso en tus ojos y en los míos

matándose mutuamente

en ese hacer el amor.

Pararnos de repente

en medio de todo

y gritarnos cuánto nos amamos.

Es volver una y otra vez

al primer día.

Es devorarnos la carne

a mordiscos.

Es olvidar que antes de ayer

moríamos así por otros.

AQUEL SEPTIEMBRE

Debiste haberte mordido la lengua

aquel septiembre aniquilado en la penumbra

mientras tu boca

—enemiga del lenguaje de los signos—

me seducía con su voz rota entrecortada

y su olor trasnochador.

LOS PROMETEO

¡Maldita sea! que ahí

donde la euforia se confunde con la muerte

olvidaras tus promesas.

Aunque quizás en otra vida

yo también olvidara las promesas

no sé si olvidé lo prometido

o me olvidé de prometer.

LA CARETA

Todos poseemos una máscara de colores

para salvarnos de los golpes que dañan

igual que domingos

sin pareja.

Tras mi antifaz lloro lágrimas

que nadie tiene por qué ver.

En él me descubro a solas conmigo misma

y no escucho más que estos monstruos

monstruosos

que me quieren robar la vida.

Y no consigo arrancarme la piel.

HARAPOS SUCIOS

Mis tristezas púbicas

últimamente son harapos sucios

rastreros y sucios harapos

para tu amor.

LA BASURA

La basura de casa

se va apiñando en la esquina de la cocina.

La rutina que hiere la sien

es abrir las ventanas y que el cielo

invada todo lo que quiero ser

y mantener

gritando muy adentro

aquel sol que alumbraba el crepúsculo más

triste.

La rutina que reaviva el aguacero

es la obsesión de qué hacer en mis noches

para que mis días parezcan diferentes

y para que las ganas de dormir

no me roben la luz.

La basura.

Pareciera como si nadie

se atreviera con sus propios restos.

LETANÍAS

No consigo dormir las voces infantiles

que tejen este destierro que diviso

ni deshacer las letanías que se posan

en las palmas de mi mano.

Quiero despertar a la bestia

mas emigró a otro cuerpo sin escrúpulos.

Tendré que despegar de la pared

los jeroglíficos que apaciguan mi ira

o ir destronando de las esquinas del alma

las absurdas burlas a mí misma.

Debería dejar de ducharme antes de salir a la

calle

porque allí ¡siempre!

es donde más se ensucia uno.

Y limpiarme con menos ímpetu

porque la suciedad de dentro

no se quita afuera.

Debería romper el armario que ordeno cada

dos días

—como si con ello se ordenase la vida—

para ir haciéndole la cama a la desidia.

MALA LENGUA

No hago otra cosa

que dar vueltas sobre mí misma

porque la mala lengua que tengo

no se puede tragar.

Aunque ni siquiera sé

si alguna vez supe tragar.

Y así voy pasando las noches

y la vida

buscando una respuesta que me ayude

a reconstruir el cuento

y el desencuentro.

PERPETUOS

Aunque sea un poco

siempre nos perteneceremos.

No fui tu amante

seré siempre la amada

al menos que

aunque sea una vez

al menos una

te oiga hablar de ella

como hablaste de mí siempre.

No debí haberte arrastrado con mis espinas

y sonrisas

pero me enseñaste a crecer a cambio de.

Y aunque malamente

así te quise desde que te comencé a amar.

Jamás sabremos

—porque nos hemos despedido—

quién perteneció más a quién.

Aunque sea un poco

siempre nos perteneceremos.

EL DESGASTE DE DOS CUERPOS

Cada anochecer resumo

con extremada precaución

el desgaste de dos cuerpos amándose.

El desgaste de dos cuerpos que al pensarlos

parecieran mutilados.

UNA MUJER CON CURVAS

A ese niño que amé como a un hombre

le vi la cara endiablada

le vi escupiendo a las paredes

le vi morir de amor por una mujer.

Lo tuve entre mis brazos

y le vi llorar bajito

por una mujer que parecía mujer

y por la que yo

también

tuve que llorar.

PETER PAN Y EL CABALLO

> He visto a las mejores mentes de mi generación
> destruidas por la locura, hambrientas histéricas
> desnudas...
> ALLEN GINSBERG

Acurrucarte bajo las sábanas fue

un abandono.

Visto tu sudadera en mi cuerpo

y entonces

te siento como un picardías sedoso y obsceno

y te dejo que me impregnes las noches

y me veo con fuerzas de retroceder a ti

pero no a tus palabras.

Aún me dueles.

Te me quedaste dentro

reconcomiendo este cuerpo.

Tus lágrimas

más calladas y muertas que tus ganas de vivir

confesaron que morías de amor

como todos hemos muerto alguna vez.

Y yo irremediablemente callaba

moría también

por no ser la elegida.

Tu sucia y vacía casa

¡cuánta belleza había en ella!

Billetes bajo el colchón

te dejàron un precipicio como herencia.

Whisky.

Whisky sólo con hielo presidiendo tu alcoba

junto a una botella de refresco barata

y el mapa de tus blancas manchas en la espalda.

Ésa es mi foto más preciada.

Cuentan que andas hambriento y sediento

encaminado en rabieta con la vida

hacia ninguna parte.

Nunca debiste apostar

al caballo matador.

¡CUÁNTOS HOMBRES! ¡CUÁNTO AMOR!

Pareciera que el corazón hubiera bajado un

peldaño

de su estado habitual

y pareciera que las palmadas de ardor que lo

acompañan

se hubieran vuelto demasiado insistentes.

Pareciera que el corazón

en su empeño por amar

hubiera hecho mil votos de castidad

y que el tiempo lo acompañara

como acompaña un secreto a cada hombre.

Pareciera que el corazón hubiera muerto de

golpe

como después de cualquier fracaso

y que en su afán por aferrarse a ti se odiara a sí

mismo

como se odian las despedidas y los eternos

domingos.

¡Cuántos hombres he conocido rotos de amor!

¡Cuánto amor he conocido roto por el hombre!

QUERIDO AMIGO

Querido amigo:

despoblar los recuerdos

me está costando demasiado

y mi conciencia

está más sucia que nunca.

A veces no sé si quiero dormir

o morir.

Querido amigo:

tú todavía

no sabes con qué comprarme.

PARA SABER DE AMOR

Para saber de amor, para aprenderle,
haber estado solo es necesario.
JAIME GIL DE BIEDMA

Olvidé cerrar los ojos

y quise morir junto con el tiempo

y su remanso.

Olvide limpiarme la boca de ti

y mi cuerpo

tan acostumbrado al tuyo

nunca supo amoldarse a nadie más.

Olvidé desdibujarme

para comenzar de nuevo en otra vida.

Inútil de mí y mis sentidos atrofiados

que no me avisaron de la caída.

Que para saber de amor

es necesario haberse sentido amado alguna vez.

PLEGARIA

Si de verdad sois dioses

quitadme la tristeza de ir acompañada

de esta sombra a todas horas.

Y dormidme los ojos.

Secadme el alma.

Si de verdad sois dioses

llevaos mi nombre.

TUS PALABRAS

Déjame ir a buscarlas

y que me den aliento.

Tú sobras.

Déjame estar con ellas

con esas tus palabras.

Que violen mi mundo

allá por donde quieran.

SORDA Y MUJER

Allí donde me pierda

mentiré por última vez

pero lo haré sin que nadie lo sepa...

Y transformaré esta locura

en hacerme mujer de nuevo

pero a solas

como tú me has enseñado

porque yo no sé sin ti...

Y que esta ronquera

me sentencie la vida si es preciso

pero dejadme desahogarme

aunque sólo sea este ratito amargo...

Y sin chillar ni nada

así despacio y cabizbajo

ve alejándote

que con un poco de suerte

quizá me despiertes antes que el sol...

Por eso me desprecio

porque nunca despierto con tus jadeos

son los míos los que me han hecho sorda

y mujer...

Y despertar una vez más

y otra

y otra

y saber que no estás

y que todo

mágicamente

siga callado para nosotros

por miedo a partirme en dos...

HOY MÁS QUE NUNCA

Digo que no

y aún mi estómago asiente este vaivén.

Y me queman más las lágrimas

que han poblado mi garganta con sus hilos.

Mas ni ahora descansa el dolor de no tenerte

ahora que las luces se han apagado hace vidas.

Hoy necesito más que nunca que me ames.

UNA VEZ MÁS

Quitarme la ropa

para intentar morir una vez más.

Enseñarte

lo perforada que me siento.

Que ya no soy mujer

ni persona

ni soy nada.

SÓLO SÉ QUE ESTO NO MUERE

Hoy las llamas

han poblado mi país.

Mi conducta entera

está vacía.

Mis palabras infantiles

hoy muertas.

Todo

todo se torna apagado.

Y lo único que alcanzo

es a descomponerme sola.

¡No quiero ser mujer más!

¡No!

Sólo me recuerda a que una vez

lo fui contigo.

MIÉNTEME

Esta maldita noche no pasa nunca.

Ven y regálame todo lo que puedas.

Alquílame por unas horas

y hazme creer lo que yo quiera.

LA CÚPULA

Haré una cúpula de restos de coral y sal

de esas que se divisan desde el altillo de un

monte

para guardar ese olor de la unión de dos

cuerpos

y dos noches

que sólo reconocen los buenos sabuesos.

Haré esa cúpula

paritorio de gusanos de seda

con las terminaciones de mi cuerpo

aunque huela a podredumbre mi sudor a tu

lado

y beberé el ámbar de tu cuerpo con la sed

de un borracho.

Inhalaré ese perfume adictivo hasta asfixiarme

y desvaneceré

el éxtasis en nuestro harén

a través de los ojos de la muerte.

Las paredes yacerán orgánicas

y aprovecharemos el deseo

para tejer nuestro refugio

refugio de alientos

y así alzarnos al mundo.

Entonces mi gemido sustentará al tuyo

y decidiremos morir

con el sabor del amor en los labios y en el

cuerpo.

TODO SE VISTE DE LUTO

Creí que todo en ocasiones era mío.

Ahora creo que de eso

me quedó la autodestrucción.

Sigo caminando sin rumbo pero en esa

dirección

donde para mí

todo se viste de luto.

Y en noches como días creo que mentí

pero todo ¡lo juro! ¡todo!

lo hice con intensidad.

VUESTRO NOMBRE

No me busquéis más.

A partir de hoy

me veréis en la calle

bañada de esta hiriente melancolía

que soporta Vuestro Nombre.

Soñando que algún día

mis pies descalzos pisen las estrellas.

..en cuanto a mí, tengo los brazos rotos

después de aquel abrazo de las nubes.

CHARLES BAUDELAIRE

NOMBRE DE POETA

para Oscar Alberdi Sainz

He de confesar que hoy

me ha dado miedo la vida.

Te pienso ordenando

las estrellas para Adrián,

refunfuñando con los ángeles cuando estos

afirman

que, todos, estamos protegidos por un hada.

Te imagino escribiendo versos con las nubes,

contando, con tus grandes manos,

las gotas de lluvia que caerán

sobre tu amada Bilbao,

y regañando

a los que sólo abren las puertas del cielo

a quien esté libre de pecado.

Te imagino en paz, buscando una buena vista

desde donde contemplar

la triste película de la vida.

Allá arriba seguro que cabe un lugar

para el caradura con el corazón más blando que

fuiste

y sigues siendo.

Te imagino escuchando en directo, con lo ojos
cerrados,

un jazz de Charlie Parker.

Te imagino escribiendo un nuevo libro de la
Apocalipsis.

Siempre te lo dije, tienes

Nombre de Poeta.

ÍNDICE

La primera edición de *Tristezas
púbicas* de Ianire Sagasti
Ruiz se imprime en
marzo de 2013 en
los Estados
Unidos
de
América.
La
edición
estuvo a
cargo de
Albán Aira y
Francisco Laguna
Correa. En la composición
se emplearon tipos de las familias
Arábico, Caslon, Garamond y Bernard.

ع

www.editorial-paroxismo.com